이 책에 전문적인 지원과 조언을 해 주신
베를린 자유대학교의 슈테판 리비히 교수님, 빌레펠트 대학교의 스테판 슐로트펠트 박사님,
윤리와 사회 교사 에드뷘 나일 쿠보타트 선생님께 감사드립니다.

Voll ungerecht! Alles über Fairness und Gerechtigkeit
by Assata Frauhammer, illustrated by Meike Töpperwien
ⓒ 2024 Beltz & Gelberg, in the publishing group Beltz- Weinheim Basel
Korean Translation ⓒ 2025 by BOOK 21 Publishing Co., Ltd.
All rights reserved.
The Korean language edition published by arrangement with
Julius Beltz GmbH&Co. KG through MOMO Agency, Seoul.

이 책의 한국어판 저작권은 모모 에이전시를 통해 Julius Beltz GmbH&Co. KG 사와의
독점 계약으로 (주)북이십일에 있습니다.
저작권법에 의해 한국 내에서 보호를 받는 저작물이므로 무단전재와 무단복제를 금합니다.

초판 1쇄 인쇄 2025년 2월 19일
초판 1쇄 발행 2025년 3월 12일

글 아사타 프라우함머 **그림** 마이케 퇴퍼뷘 **옮긴이** 심연희
펴낸이 김영곤 **펴낸곳** (주)북이십일 아울북

책임편집 오지애 **교정교열** 김경애 **디자인** 임민지
프로젝트2팀 우경진 권정화 김지수 오지애
아동마케팅팀 명인수 양슬기 최유성 손용우 이주은
영업팀 변유경 김영남 강경남 한충희 장철용 황성진 김도연
해외기획 최연순 소은선 홍희정

출판등록 2000년 5월 6일 제406-2003-061호
주소 (10881) 경기도 파주시 회동길 201(문발동)
전화 031-955-2100(대표) I 031-955-2438(기획편집) **팩스** 031-955-2122

ISBN 979-11-735-7091-9 (73330)

책값은 뒤표지에 있습니다.
이 책 내용의 일부 또는 전부를 재사용하려면 반드시 (주)북이십일의 동의를 얻어야 합니다.
잘못 만들어진 책은 구입하신 서점에서 교환해 드립니다.

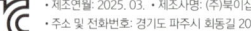

- 제조연월: 2025. 03. • 제조사명: (주)북이십일
- 주소 및 전화번호: 경기도 파주시 회동길 201(문발동) / 031-955-2100
- 제조국명: 대한민국 • 사용연령: 5세 이상 어린이 제품

이건 불공평해!

글 · 아사타 프라우함머 그림 · 마이케 퇴퍼뷘 옮김 · 심연희

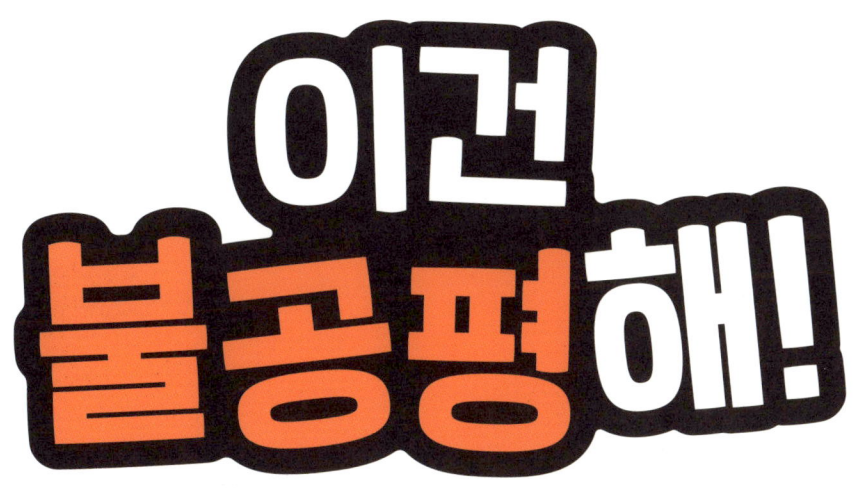

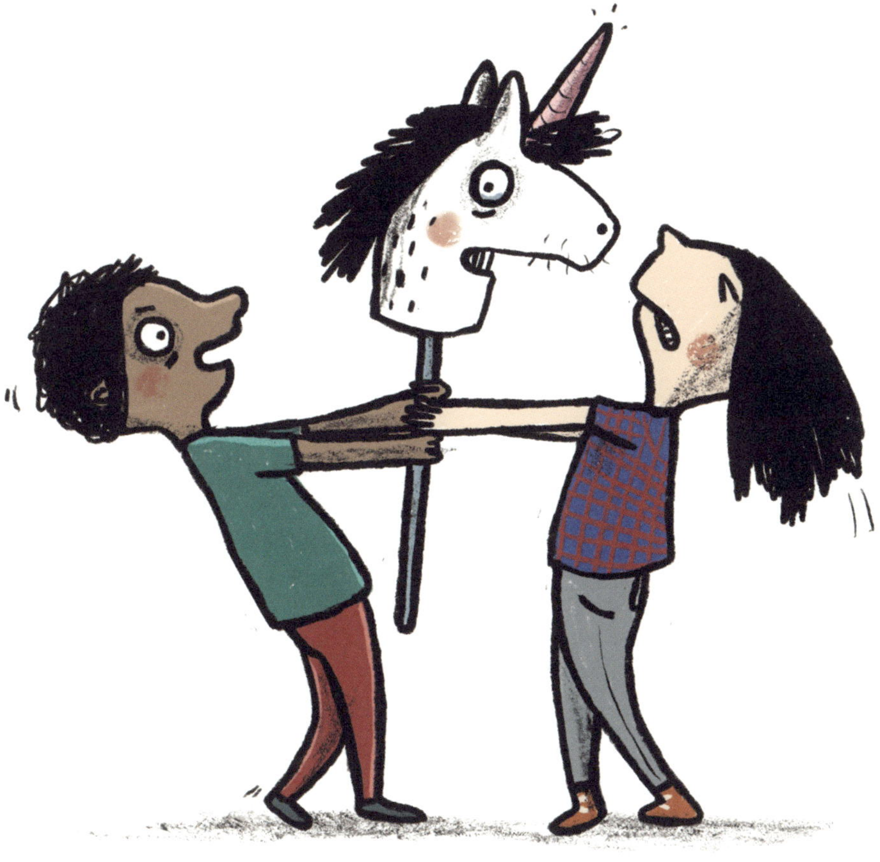

아울북

공평하다는 건 뭘까요?

공평은 중요해요. 공평한 곳에서는 다툼이 줄어들고 사람들이 다 같이 함께 잘살 수 있어요. 그런데 대체 공평하다는 건 뭘까요? 공평이 무엇인지 정확히 말하는 건 쉽지 않아요.

사람이라면 누구나 '나는 이러이러하게 대해지고 싶다'거나 '이것은 공평하지 않다'라는 나름의 기준이 있답니다. 하지만 나와 다른 사람의 기준이 언제나 똑같지는 않아요. 옳다고 생각해서 만들어진 어떤 법이나 규칙도, 경우에 따라 공평하지 않게 느껴질 때가 있어요.

사탕을 나눌 때를 예로 들어 볼까요?
물론 가장 올바른 건 모두가 다 똑같이 사탕을 나누는 거겠지요.
하지만 다 똑같이 나누다가 마지막에 사탕 하나가 남는다면 어떡하지요?
각자의 필요와 처지, 노력한 정도에 상관없이 모두가 다 똑같이 받는 게
정말로 공평한 것일까요?

불공평하다는 건 뭘까요?

무언가를 어떻게 나누어야 할지 생각할 때
공평에 대한 문제가 생겨요. 누가 얼마나 많이 받아야 하는가,
또는 얼마나 적게 받아야 하는가를 정해야 하니까요.

공평은 돈이나 음식처럼 모두에게 필요하지만
양이 제한적일 때 문제가 돼요.
예를 들어, 숨 쉴 때 필요한 공기는 모든 사람이 언제나
충분히 가질 만큼 있기 때문에 공평하게 나누지 않아도 돼요.

하지만 다른 사람과 비교할 때 우리는
불공평하다고 느낀답니다.
비교하지 않는다면 사실 지금에 만족할 수도 있어요.
그러나 다른 사람이 더 많이 가졌다는 걸 깨닫는 순간,
불공평하다고 느끼게 돼요.

특히 나의 노력으로 상황이 바뀔 수 있다면
더 불공평한 문제처럼 보일 거예요.
예를 들어, 야외 수영장에 가고 싶었는데 날씨가 나빠서
갈 수 없는 건 안타까운 일일 뿐 공평하지 않은 일은 아니에요.

공평한가요? 불공평한가요?

모든 사람을 똑같이 대하지 않는 게 더 공평한 것처럼
느껴질 때도 많아요. 예를 들어, 어린이는 수영장이나
영화관에 갈 때 입장료가 더 싸요.
어린이는 아직 스스로 돈을 벌지 못하기 때문이지요.

부모님은 아기는 유아차에 타고,
좀 큰 아이는 걸어가는 것이 공평하다고 생각해요.
아기는 아직 힘이 약한 만큼
두 아이를 똑같이 대하지 않는 거지요.
하지만 좀 큰 아이의 입장에서 보면,
이건 상당히 불공평한 일일 수도 있어요!

무엇이 공평한지 쉽게 정할 수 있는 방법은 없어요.
공평하게 나누는 건 무척 복잡한 일이거든요.
때로는 많은 부분을 따져 봐야 하기 때문에
한참 고민해야 하는 경우도 많지요.

하지만 무언가 불공평하다는 생각이 들면,
그게 나와 관련된 일이든 다른 사람과 관련된 일이든
상관없이 우리는 곧바로 알아차리게 돼요.
이어서 '이건 아니야!'라고 머릿속에 비상벨이 울리지요.

난 늦게 잘 거야.
많이 컸으니까
좀 덜 자도 돼!

불공평해!

맞아!

귀염둥이 셀림!
네게 주려고
선물을 가져왔단다!

또 다른 예를 들어 볼까요?
셀림과 메수트는 쌍둥이예요.
부모님은 둘의 나이가 똑같기 때문에
용돈도 똑같이 주는 게 공평하다고 생각해요.
만약 형제자매의 나이가 다르다면,
용돈의 액수도 보통은 달라지지요.

다시 말해,
같은 것은 같게, 다른 것은 다르게 대하는 거예요.

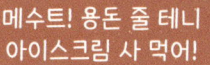

셀림과 메수트에게는 각각 대모가 있어요.
그런데 셀림의 대모는 셀림을 볼 때마다 용돈을 챙겨 준답니다.
메수트는 그걸 보고 "이건 불공평해요"라고 말해요.
그리고 자기는 부모님에게 용돈을 더 받아야 한다고 주장하지요.
그래야 둘의 용돈이 똑같아질 테니까요.

공평은 다른 말로 **공정**이라고도 해요.
공정이란 합의해서 만든 올바른 규칙이라면 쉽든 어렵든
상관없이 **정의**를 위해 꼭 지키는 거예요.

스포츠에서 공정은 아주 중요해요. 공정해야 제대로
경쟁이 이루어지고 모두가 재미를 느낄 수 있거든요.
모두가 규칙을 지켜야 하지요.
예를 들어, 축구에서는 공에 손을 대거나
상대 선수를 넘어뜨리는 행위를 금지해요.
이러한 규칙이 잘 지켜지는지 확인하기 위해서 심판이 있어요.

하지만 심판이 언제나 모든 상황을 다 볼 수는 없지요.
예를 들어, 어떤 선수가 다른 선수를 밀었는데,
밀쳐진 선수가 옆에 있던 또 다른 선수와 부딪혔어요.
그런데 심판이 나중에 일어난 장면만 봤다면 어떻게 될까요?
밀쳐진 선수는 아무런 잘못이 없는데도 경고를 받게 될 거예요.
이럴 때는 처음에 밀었던 선수가 나서서 자신이 잘못했다고
인정하는 게 공정한 것이랍니다. 누군가를 밀어 놓고서
모른 척한다면 이겨도 기분이 좋지 않을 테니까요.
처음에 밀었던 선수는 **양심**의 가책을 느낄 거예요.

양심

내가 부당하게 대하여졌을 때,
아니면 내가 다른 사람을 부당하게 대했을 때는
양심이 작동해요. 양심은 우리 마음속 심판이지요.
양심은 우리가 어떤 행동을 해야 하는지 알려 주고,
우리의 행동이 옳은지 그른지 판단합니다.
아무도 지켜보지 않아도, 벌주지 않아도
우리는 나쁜 행동을 하지 않아요.
바로 양심이 있기 때문이에요.
거짓말을 하지 말아야 한다거나,
음식을 공평하게 나누어 먹어야 한다는 규칙은
굳이 법에 써 두지 않더라도 지키려고 하지요.

해서는 안 되는 행동이라는 걸
알면서도 계속한다면
나중에는 기분이 안 좋아져요.

양심의 가책을 느끼기 때문이에요.
내가 저지른 행동이 계속 생각나며 마음이 불편하고,
심지어는 배가 아플 수도 있어요.
불편한 마음과는 다른 느낌이 들 때도 있지요.
때로는 양심의 가책을 느끼면서도 그른 행동을
계속하고 싶은 마음이 들기도 한답니다.
예를 들어, 간식을 넣어 둔 서랍에서
몰래 초콜릿을 꺼내 먹을 때처럼요.

아주 어린아이는 양심이 없어요.
옳고 그름이나, 공평과 불공평에 대해
아직 배우지 않았기 때문이지요.
다른 사람에게 가르침을 받고
경험을 쌓아 가면서
양심은 차츰차츰 발달해요.
하지만 나쁜 일을 겪었거나
정신적으로 문제가 있는 사람은
양심이 없기도 해요.

해답을 찾아서

그렇다면 무엇이 공평하고 또 무엇이 공평하지 않은 걸까요?
지금까지 수많은 사람들이 이 질문에 대해 생각해 왔답니다.
심지어 이 문제를 연구하는 학문도 있어요. 바로 **철학**이지요.
철학은 기원전 700~600년쯤에 고대 그리스에서 시작되었어요.
철학자들은 인생의 모든 분야에서 생기는 복잡한 질문을
깊게 생각하는 사람이에요.

철학은 물리학이나 화학 같은 학문과는 달라요.
쉽게 분석하거나 증명할 수 없는 것들을 설명하려고 하거든요.
예를 들어, 철학에서는 어떤 연구나 실험을 한 다음
마지막에 "이게 가장 공평한 방법이니까
언제나 이렇게 해야 해!"라고 말할 수가 없어요.

대신 철학은 이렇게 하면 어떻겠느냐는 생각을 내놓으려고 노력하지요.
답을 찾기 위해서는 무엇을 생각해 봐야 할까요?

철학의 한 갈래로 윤리학이 있어요.
윤리학은 올바르고 착하게 행동하는 방법을 연구하는 학문이에요.
올바르고 착한 행동은 도덕적인 행동을 말해요.
공평에 관한 질문은 바로 **도덕적인 질문**이에요.

많은 나라에는 **윤리 위원회**라는 것이 있어요.
이 위원회는 철학과 의학, 경제학이나 법학, 신학과 같이
다양한 분야에서 일하는 사람들이 모여 어려운 질문에 대해
생각해 보는 모임이에요.

윤리 위원회는 모두가 알 수 있도록 의견을 발표하고,
정치인들이 결정을 내리고 법률을 만들 때 건의를 해요.
예를 들어, 독일 윤리 위원회는 필수 의약품의 가격이 아주 비싸다거나,
어떤 질병을 막으려고 예방 접종을 의무적으로 실시하는 게
과연 공평한 건지 생각하고 의견을 내지요.

정의의 다양한 면

책 한 권을 자동차 한 대와 바꾼다면 공정한 거래일까요?
아닐 거예요. 두 물건의 가치가 같아야 공평하게 바꿀 수 있으니까요.
어떻게 나누어야 공정한 거래, 즉 공평하고 정의로운 거래일까요?
그리스의 유명한 철학자 아리스토텔레스는
시정적 정의에 대해 말했어요.

아리스토텔레스는 시정적 정의를
두 사람 사이의 동등함을 우선으로 한 정의라고 설명했어요.
시정적 정의에는 손해를 배상하는 것도 포함되지요.
예를 들어, 무언가를 망가뜨린 사람은
망가뜨린 만큼 보상해 주어야 한다는 뜻이에요.

아리스토텔레스는 시정적 정의와 **분배적 정의**를 구분해서 설명해요.
분배적 정의는 같은 몫이 아니라 가치에 따른 비율을 중요하게 생각해요.
예를 들어, 국가는 돈이나 식료품 같은 재화나 공공서비스를 나눌 때,
모든 사람에게 받을 권리를 똑같이 주어야 해요.
그래야 공평하니까요.
하지만 분배적 정의에 따르면,
어른은 어린이보다 더 많이 받아야 해요.
아리스토텔레스는 여성을 열등한 존재로 생각했기 때문에,
남성이 여성보다 더 좋은 대접을 받아야 한다고도 여겼지요.

오늘날에는 새로운 분배적 정의, 즉 **실질적 정의**를 많이 이야기해요.
국가는 교육받을 기회와 의료 혜택 및 사회 복지가 적절하게,
즉 공정하게 분배되도록 보장해야 해요.
그리고 현대에는 성차별이 있어서는 안 되지요!

> 오늘 방을 깔끔하게 치웠으니까 TV를 더 오래 보고 싶어요.

자격이 있는 사람이 그만큼을 받을 때 우리는 공정하다고 말해요.
하지만 자격이 있다는 걸 어떻게 정할까요?
여기에는 다양한 **접근법**이 있답니다.
예를 들어, 누가 돈을 얼마나 많이 받아야 하는지를 정하는 데에는
여러 가지 의견이 있어요.
우선, 능력껏 이룬 결과에 따라 판단해야 한다는 의견이 있어요.
일을 뛰어나게 많이 한 사람이 돈을 많이 받는 거지요.

또 다른 의견은 필요성이에요.
돌봐야 할 가족이 많은 사람은 돈이 더 많이 필요한 것처럼
더 필요한 사람에게 더 많이 주어야 한다는 의견이지요.

> 나는 보고서에 쓸 내용을 찾아야 하니까 컴퓨터를 더 오래 써야 해요.

TV랑 컴퓨터 사용 시간은 너희 둘 다 똑같이 하루에 30분이야!

맞아!

부잣집에서 태어난 사람이 더 많은 걸 가지는 게 당연하다고 생각하는 사람들도 있어요.
가족에게 돈이 있는데, 왜 그걸 포기해야 하느냐는 것이지요.

하지만 모든 사람이 똑같은 액수의 돈을 가져야 한다고 생각하는 사람도 있어요.
이 의견은 아주 쉽게 이룰 수 있어 보이지요.
복잡하게 더 생각할 필요가 없으니까요.

그렇다면 공평을 실현할 가장 정의로운 방법은 무엇일까요?
공정해지기 위해서는 우리 모두가 생각하고 결정해야 해요.

그럼 누가 나랑 놀아 줘?

나!

평등주의

모든 사람이 똑같이 나눈다면 그야말로 공평할 거예요.
하지만 각자 가진 것이 차이가 나는 상황이라면
누군가는 많이 갖고, 누군가는 적게 가지는
일이 계속 생기겠죠.

이런 상황을 공평하지 않다고 생각하는 사람들이 있었어요.
거기서 바로 **공산주의**라는 개념이 생겨났지요.
'공산주의'라는 말은 '공동의'라는 뜻의 라틴어 'communis'에서 유래했어요.
공산주의 사회에서는 모든 사람이 똑같은 양을 가져야 해요.
모두에게 똑같이 나누어 주기 때문에
부자와 가난한 사람의 구분이 없어지고
모두가 **평등**해지지요.

아주 좋은 생각 같지요?
하지만 공산주의 사회는 성공하지 못했어요.
공산주의를 실현하려고 한 나라들 안에서
불공평한 상황이 생기기도 했고요.
평등을 이루겠다고 주장하면서
사람들을 강제하고 폭력을 쓰기도 했지요.
권력자들과 다른 의견을 낸 사람들은
그 대가로 목숨을 잃었답니다.

지금도 중국이나 베트남, 쿠바 같이
공산당이 통치하는 나라가 몇 군데 있어요.
하지만 그 나라들에서도 공산주의의 관념은
상황에 맞게 변해 왔어요.
사실, 진정한 공산주의 국가는 이제 존재하지 않아요.

다음번엔 나도 청소 안 할 거야. 안 해도 대가가 똑같잖아!

공정한 결정

받아쓰기 시험에서 실수를 많이 하면 점수가 낮아지겠지요?
맞춤법을 틀릴 때마다 0.5점씩 감점하는 규칙이 있다고 생각해 보세요.
학생들 모두 이 규칙을 잘 알고 있어요.
반 학생들이 모두 모여 정한 것일 수도 있지요.
낮은 점수를 받는다면 속상할 수 있겠지만,
채점 결과는 공정하다고 인정할 거예요.

그런데 만약 선생님의 마음에 드는 순으로 점수를 주면 어떻게 될까요?
상황은 달라지겠지요. 주어진 점수를 받아들이기 힘들 뿐만 아니라,
불공정하다고 느끼는 학생들도 분명히 있을 테니까요.

공정하기 위해서는 관련된 모든 사람의 의견을 듣고
그 이해관계들을 모두 고려하여 결정을 내려야 해요.
결정을 어떻게 내린 건지 이해하거나, 심사숙고한 과정에
직접 참여한 사람은 그 결과를 받아들일 마음이 생기게 되지요.

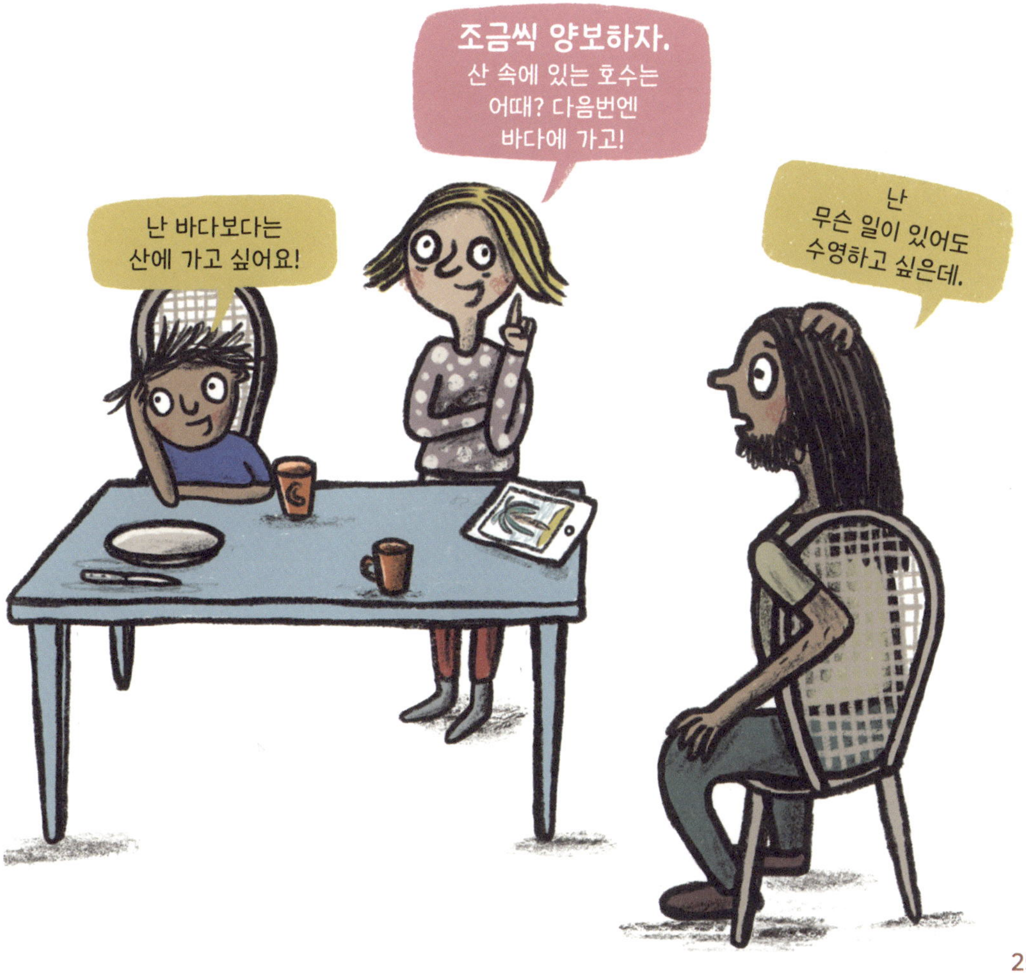

> 난 바다보다는 산에 가고 싶어요!

> 조금씩 양보하자.
> 산 속에 있는 호수는 어때? 다음번엔 바다에 가고!

> 난 무슨 일이 있어도 수영하고 싶은데.

공정한 사회를 위한 규칙은 어떻게 만들까요?

어떻게 행동할지 결정하는 방법 중 하나는
다른 사람의 입장에서 생각해 보는 거예요.
상대방이 공평하다고 느끼기 위해
무엇이 필요할지 알아야 **타협점**을 잘 찾을 수 있지요.

미국 철학자인 존 롤스는 여기에서 한 걸음 더 나아가
사고 실험*을 해 보았어요. 공정한 사회 규칙을 정하기 위해
사람이 태어나기 전의 상황에서 생각하는 거예요.
우선 어떤 사람이 태어나서 남자가 될지 여자가 될지,
돈이 많을지 적을지, 병에 걸렸을지 건강할지
아직 모른다고 생각해 보세요.
존 롤스는 이것을 '무지의 베일'이라고 했어요.
물론 우리는 스스로가 어떤 사람인지 알고 있지만,
무지의 베일을 쓰고서 내가 누군지 모른다고
상상해 볼 수는 있잖아요.

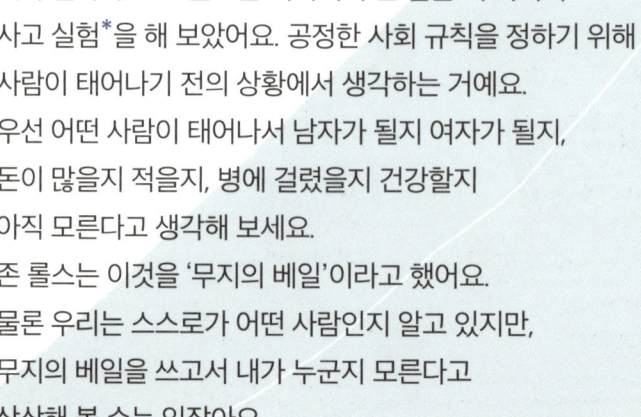

* 실제로는 하기 힘든 실험을 머릿속으로 생각해서
  결과를 만들어 내는 것

태어났더니 재능이 무척 뛰어나다거나, 장애가 있다거나,
또는 태어난 나라의 여름철 기온이 40도가 넘는 곳이라고 생각해 보세요.
이런 조건에서 어떻게 해야 가장 공정한 세상을 만들 수 있을까요?
롤스는 이런 사고 실험을 통해 자신뿐만 아니라 모든 사람에게
공정한 사회를 만들 수 있다고 생각했어요.

롤스는 가장 약자인 사람도 존엄한 삶을
살 수 있는 사회가 공정한 사회라고 여겼어요.
그러니까 서로 차이가 있더라도
모두가 잘 지낼 수 있는 정의로운 사회 말이에요.

가장 중요한 권리

공정한 사회는 정의가 실현된 공평한 사회라고도 할 수 있어요.
하지만 정의가 무엇인지 알려면 생각할 게 여러 가지 있어요.
모든 사람에게는 절대로 침해할 수 없는 권리가 있거든요.
이 권리는 결코 양보할 수 없고,
언제나 모든 사람에게 동등하게 적용되지요.
절대로 협상할 수 없는 권리, 바로 **인권**이에요.

제2차 세계 대전이 끝나고 3년 후인
1948년에는 유엔 총회에서 세계 인권 선언이 채택되었어요.
이 선언은 전쟁에서 벌어진 잔인한 행위를
다시 저질러서는 안 된다는 뜻을 담고 있지요.
인권 선언에는 30개의 조문이 있어요.

동물 보호법도 있다는 것 알지, 구구?!

세계 인권 선언 제1조:

예를 들어, 인권에는 자신의 의견을
자유롭게 표현해도 불이익을 받지 않을 권리와
모든 사람은 학교에 가서 배울 수 있는 교육받을 권리가 있어요.
또한 먹을 것과 살아갈 곳, 의료 혜택을 받을 권리도 있지요.

우리나라와 독일, 오스트리아, 스위스 등 많은 나라에서
인권은 헌법으로 보호받는 기본 권리랍니다.
헌법에는 한 나라에서 함께 살기 위해 지켜야 할
가장 중요한 규칙이 담겨 있지요.

>> 모든 인간은 태어날 때부터 자유로우며
그 존엄과 권리에 있어 동등하다.

정의는 저절로
생겨나지 않아요

정의란 무엇인지에 대한 생각은 사람마다 다를 수 있어요.
모두가 함께 살아가기 위해서는 자기의 이익만을 추구해서는 안 돼요.
그래서 규칙이 필요하지요. **법**은 국가에서 지켜야 할 규칙이랍니다.

우리나라와 같은 입헌 국가에서는
정부를 비롯한 모든 사람이 법을 지켜야 해요.
우리나라 헌법 11조 1항을 보면
"모든 국민은 법 앞에 평등하다"라고 되어 있어요.
어떤 사람이라도 성별이나 출신 국가, 출신지, 신앙,
종교적 또는 정치적 견해 때문에 특혜를 받거나 불이익을 당해서는 안 돼요.
또한 모든 사람은 동등한 권리를 가지지요.

갈등이 생기면 누가 옳은지, 또 법을 어긴 사람은 어떻게 될지
판사가 정하게 돼요. 이 과정에서 판사는 오로지 법만을 따라야 하고,
사람의 외모를 보거나 특별히 어느 한편에게 동정심을 가져서도 안 돼요.
또한 그 누구도 판사에게 어떤 결정을 내려야 한다고 강요해서는 안 돼요.

법과 정의의 여신으로 잘 알려진 유스티티아 모습에도 잘 나타나 있어요.
로마의 여신인 유스티티아는 안대를 쓰고 있어서
자신이 판결하는 사람을 볼 수가 없어요.

모든 사람이 최대한 많은 정의를 누리기 위해서는
먼저 편견 없고 치우치지 않은 사법부가 반드시 있어야 해요.

회복적 정의

어떤 사람이 물건을 빼앗겼다고 생각해 보세요.
도둑이 잡혀서 재판을 받게 되었을 때,
물건을 빼앗긴 사람은 이렇게 말하겠지요.
"자신이 저지른 짓에 대한 대가를 치러야 합니다!"
자신에게 해를 끼친 사람이 해를 받길 원하는 것,
이것을 바로 복수, 또는 보복이라고 하지요.

이 말의 속뜻에는 정의를 바로잡으려는 마음이 있어요.
범죄를 저질러 놓고도 아무런 일도 생기지 않는다면 안 되겠지요.
하지만 가해자에게 똑같이 해를 입히는 건 올바르지 않아요.
만약 똑같이 앙갚음한다면 범죄에 범죄로 대응하는 것이니까요.
이러면 폭력의 고리는 끝나지 않을 거예요.
가해자를 처벌하는 목적은 범죄가 다시 일어나지 않게 하려는
예방에 있답니다.

정의로운 사회가 되기 위해서
사람들은 자신의 행동에 책임을 지고
그 행동에 따른 결과를 받아들여야 해요.

난 벌을 받아 마땅해!

물건을 훔쳤거나 다른 사람의 재산에 손해를 끼친 경우,
정의 회복은 간단해 보일 수 있어요.
예를 들어, 훔쳐 간 재산은 원래의 주인에게 돌려주면 돼요.
물건이 부서졌다면 똑같은 물건으로 바꿔 주거나
돈으로 물어 줄 수 있지요.
그러나 이 경우에도 문제는 있어요. 세상에 하나밖에 없거나
가치가 얼마나 되는지 정하기 어려운 물건이 부서진다면
물어 주기 어려울 테니까요.

왜 처벌이 필요한 걸까?

추가 범죄 예방
이제는 더 이상 그런 일이 일어나지 않을 테니 정말 잘됐어!

국민 보호
이제 저 사람은 밖을 돌아다니지 못하겠지!

경고
생각만 해도 끔찍해! 난 저렇게 오랫동안 감옥에 갇히고 싶지 않아!

죗값을 받는 거야!
보복

정당한 처벌은 뭘까요?

사람을 죽이는 것처럼 아주 나쁜 짓을 한 사람은 도둑질을 한 사람보다
더욱 강력한 처벌을 받아요. 또한 판사는 왜 이런 범죄를 저질렀는지
아주 꼼꼼하게 조사하지요. 둘 사이의 관계는 어땠는지,
범죄의 원인은 무엇인지 말이에요.
하지만 비슷한 범죄에는 비슷한 처벌이 있어야 해요.

절도나 폭행, 재물손괴와 같이 법을 위반했을 때는 대부분 **벌금형**을 받아요.
즉, 범죄자가 국가에 돈을 내야 한다는 뜻이지요.
어떤 법을 얼마나 위반했는지,
범죄자가 돈을 얼마나 많이 낼 수 있는지에 따라
벌금은 많을 수도 있고 적을 수도 있어요.
똑같은 범죄를 저질러도 돈이 아주 많은 사람은
돈을 조금 버는 사람보다 더 많은 벌금을 내야 하지요.
이건 중요한 점이에요.
그래야 모두가 처벌을 두려워할 테니까요.

반면, 과속이나 주차 위반 같이 규칙을 어겼을 때는
정해진 벌금, 즉 **범칙금**을 내야 해요.
돈이 많든 적든 상관없이
모두가 같은 금액을 내지요.

하지만 스위스 같은 나라는
이런 범칙금도 소득에 따라 다르게 내요.

중요한 건 자신이 한 행동으로 치러야 하는 대가가
무엇인지 알아야 한다는 거예요.
범죄를 저질렀을 때 어떤 처벌을 받는지는
범죄를 저지르기 이전에 확실하게 미리 알려야 해요.
판결을 아무렇게나 내린다면 공정하지 않을 테니까요.

현재 있는 형벌 중 가장 심한 벌은 **사형**이에요.
사형 판결을 받은 사람은 죽게 되지요.
사형이 존재해야 하는지는 아직도 논란이 되고 있어요.
사형 제도에 찬성하는 사람들은 죽음에 대한 두려움이
끔찍한 범죄를 막을 수 있다고 주장해요.
그리고 사람을 죽인 사람은 죽어 마땅하다고 생각하지요.

하지만 알고 보면 사형 제도가 집행되는 나라라고 해서
살인 사건이 적게 일어나지는 않아요.
사형 제도에 반대하는 사람들은 이 제도가 비인간적이며
인권을 침해한다고 주장해요.
사형 제도가 생명권과 신체 불가침권, 잔인하고 비인간적이거나
수치스러운 형벌을 받지 않을 권리를 침해한다고요.

또 법원에서 실수로 죄가 없는 사람에게 사형을 판결할 위험도 있지요.
사형은 일단 집행하면 되돌릴 수가 없으니까요.

그래서 제2차 세계 대전 동안 스위스와 오스트리아, 독일 등 많은 나라에서
사형 제도를 완전히 폐지했어요.

이건 불공평해요!

불공평은 종종 불만과 갈등을 일으키곤 해요.
부당하게 대하여진다고 느끼는 사람들은
그에 맞서 무언가 하고 싶어 하지요.

민주주의 국가에서 국민은 불공평을 지적할 수 있어요.
자신의 의견을 자유롭게 말할 권리가 모두에게 있거든요.
집회의 자유도 있고요.
다시 말해, 사람들이 모여서 시위를 하고
자신의 의견과 요구 사항을 공개적으로
표현할 수 있다는 것이지요.
청원이나 서명 운동을 통해 정치인에게
의견을 주장할 수도 있어요.

회사에서 일하는 사람들은
일하는 조건이 만족스럽지 않거나,
알맞은 급여를 받지 못한다고
생각한다면 **파업**을 할 수 있어요.
파업에 들어간 직원들은
자신의 주장을 이루기 위해
일정 기간 동안 일을 하지 않아요.

하지만 파업을 하려면 먼저 조건이 있어요.
직원들의 모임인 노동 조합이 있어야 해요.
내 마음에 들지 않는다고 해서 무작정 일을 안 할 수는 없어요.
그랬다간 해고될 수 있거든요.

헌법을 위반하면
헌법재판소에서 재판을 해요.
헌법재판소는 우리나라에서
가장 높은 법원 중 하나이지요.
헌법재판소는 새로 생긴 법률이
헌법을 따르고 있는지
확인하는 일을 해요.
사람들은 자신의 기본권이
침해받고 있다고 생각한다면
헌법재판소에 소원을 제기할 수 있어요.

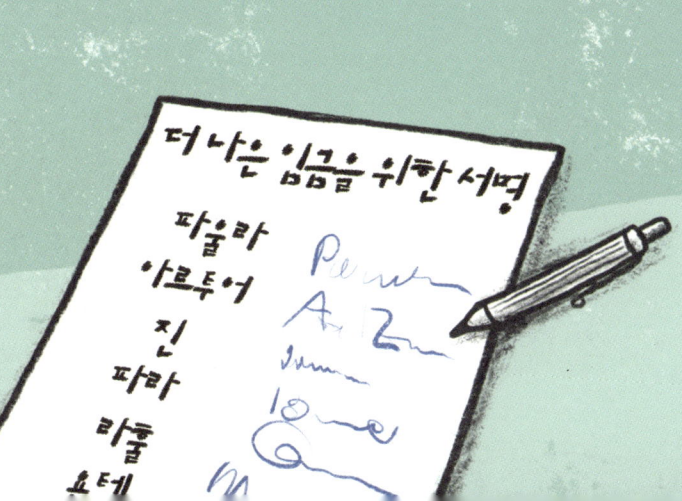

공동의 결정

민주주의 국가에서는 국민이 법을 제정하는 사람을 선택해요.
법률을 통과시키거나 기존의 법률을 개정하는 곳은 의회인데,
투표권을 가진 사람들이 의회의 의원을 선출하기 때문이에요.
따라서 정치에 불만이 있는 사람이 아주 많다면,
다음 선거에서 다른 의원을 뽑을 가능성이 있어요.
스위스에서는 의회 없이도 국민 투표를 통해 법률을 만들 수도 있어요.
독일에서는 독일 시민권을 가진 만 18세 이상의 사람이라면
누구나 투표할 수 있지요.

* 우리나라와 달리 독일은 투표용지에 가위표로 표시한답니다.

독일의 일부 주에서는 만 16세와 17세 청소년도 투표할 수 있어요.
하지만 지방 선거와 주 선거에만 투표가 가능하지요.
유럽 선거에서는 청소년도 투표할 수 있답니다.

독일 연방 선거*도 투표 연령을 낮춰야 한다는 의견도 있어요.
태어날 때부터 투표권을 주어야 한다고 주장하는 사람들도 있지요.
따지고 보면 정치인들이 어린이와 청소년의 삶에
영향을 주는 일들을 많이 결정하잖아요.
당연히 어린이들과 청소년들은 스스로 더 많은 **결정권**을 가지고
자신들의 의견을 많이 표현할 수 있길 원하지요.
하지만 어린이와 청소년이 중요한 결정을 내려도 될 만큼
성숙하지 않다고 생각하는 사람도 있어요.

* 독일 전역을 대상으로 하는 선거

어린이가 어디에 살지, 방학 때 어디로 놀러 갈지,
용돈을 얼마나 받을지는 부모님이 결정하지요.
그게 과연 공평한 일일까요?

법적으로 자녀를 돌보는 것은 부모의 권리이자 의무예요.
부모와 자녀는 아주 가까운 관계지요.
부모는 일반적으로 자녀에게 가장 좋은 것을 주길 바라고,
가장 좋은 게 무엇인지 누구보다 잘 안다고 생각해요.
또한 어른은 나이와 경험이 많기 때문에
어린이보다 여러 가지 일을 잘 판단할 수 있어요.

그렇다고 해서 부모가 자녀에게 무슨 일이든 다 해도 된다는 것은 아니에요!
어린이에게도 **권리**가 있거든요!
예를 들어, 자녀에게는 폭력적이지 않은 양육을 받을 권리가 있어요.
어린이를 때리거나 가두거나 모욕하는 행위는 전부 금지되어 있거든요.
독일 같은 나라는 법적으로 국가가 부모의 행동을 감시하고
아동의 복지가 위험해지면 언제든 개입하기도 해요.

어느 가정이든 갈등은 항상 있을 거예요.
여러 명의 의견이 늘 똑같을 수는 없으니 당연하지요.
하지만 부모님이 나를 부당하게 대한다는 생각이 든다면 꼭 말해야 해요.
어린이에게는 의견을 존중받고 중요한 결정에 참여할 권리가 있거든요.

* J.K. 롤링의 소설 <해리포터> 시리즈 속 스포츠 퀴디치에서 유래된 것으로 7명으로 구성된 두 팀이 빗자루를 다리 사이에 끼우고 달리며 공을 던져 빼앗는 게임

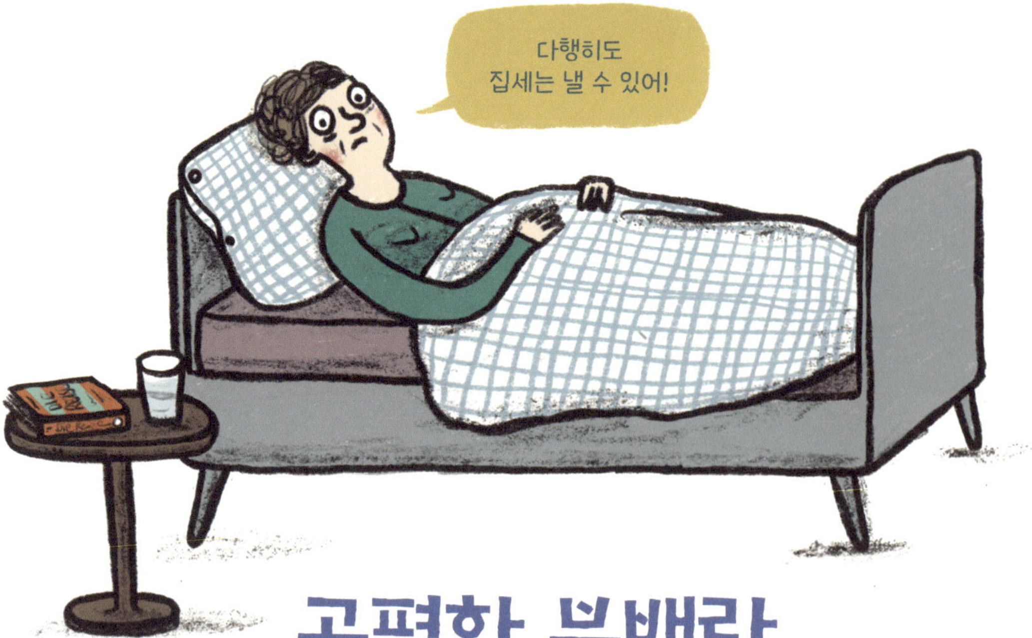

공평한 분배란 뭘까요?

다행히도 집세는 낼 수 있어!

돈을 벌어도 필요한 식료품과 옷을 사고 집세, 전기 요금과 난방비를
다 낼 수 없는 사람도 있어요. 하지만 방금 말한 것들은
인간다운 삶을 살기 위해 꼭 있어야 하는 기본적인 필수품이에요.
그래서 국가에서 현금이나 할인 쿠폰 등을 지원해 주지요.

위와 같은 지원을 하는 나라를
복지 국가라고 한답니다.
국가가 사회적 정의를 보장해야 한다는 뜻이지요.
사회적 정의란 기회와 가능성이 모든 사람에게
거의 동일하게 주어져야 한다는 의미예요.
하지만 수많은 사람에게 사회적 정의를
보장하기란 그리 쉽지 않답니다.

하나도 이해가 안 돼!

예를 들면,
몸이 아파 일할 수 없는 사람들은 국가에서 돈을 받아요.
일자리를 잃은 사람들도 새로운 일을 구할 때까지 돈을 받지요.
노인들은 연금을, 자녀가 있는 가정은 아동 수당을 받고요.
하지만 보조금 신청서를 작성하는 게 아주 복잡할 때도 있어요.
모든 사람이 똑같이 쉽게 보조금을 신청할 수 있는 것도 아니고,
보조금이 충분하지 않을 수도 있지요.

세금이란 뭘까요?

돈을 버는 사람은 누구나 세금을 내요.
즉, 번 돈의 일부를 국가에 내야 한다는 뜻이지요.
국가는 이 돈으로 학교와 병원 같은 공공시설을 짓고
도로와 놀이터를 건설하거나 수리하며,
도움이 필요한 사람을 도와요.

약 335조 원

이 사람은 현재 세계 최고의 부자인 일론 머스크입니다.

이 사람은 독일 최고의 부자인 디터 슈바르츠입니다.

약 58조 원

* 디터 슈바르츠는 공개된 사진이 없습니다.

돈을 더 많이 버는 사람은 세금도 더 많이 내야 해요.
여기까진 공평한 것 같죠?
그런데 안타깝게도 현실에서 지켜지기가 쉽지만은 않아요.
사람들이 세금을 얼마만큼 내야 하는지는
지금도 끊임없이 이야기되고 있답니다.
몇몇 사람들은 소득이 높은 사람에게 더 많은 세금을 내도록 하고,
세금 비율도 더 높여야 한다고 주장해요.
하지만 소득이 높은 사람은 자신이 가진 돈을
세금으로 많이 내고 싶어 하지 않지요.

예를 들어, 독일의 부자들은 소득세를 내지만,
이미 가진 재산에 대한 **부유세***는 내지 않아요.
이게 공평하지 않다고 생각하는 사람들도 있어요.
얼마 전에는 100명이 넘는 전 세계 부자들이 힘을 모아
자신들에게서 더 많은 돈을 가져가야 한다고 주장했어요.
전 세계적으로 부유세를 걷는다면 아주 많은 돈을 모을 수 있어요.
그걸로 가난한 사람을 도와줄 수 있겠지요.

* 부유한 사람이 자기 재산에 대해 내는 재산세 중의 하나

모두에게 공평한 기회

준비, 시작, 출발!
100미터 달리기를 할 때는 모든 참가자에게 우승할 기회가 있어요.
모두가 같은 위치에서 같은 시각에 출발하니까요.
그런데 멋진 새 운동화를 신은 참가자와 낡은 운동화를 신은 참가자가
함께 달린다면, 이건 불공평하지 않을까요?
혹은 한 참가자는 오랫동안 달리기 훈련을 했는데,
또 다른 참가자는 밤새 가족을 돌보느라
달리기 훈련을 받지 못했다면, 이건 공평할까요?

> 선생님은 그 일을 할 수 없어요. 왜냐하면…

현실의 삶에서도 사람들의 출발 조건은 저마다 달라요.
가난한 집안에서 자랐는지, 아니면 넉넉한 집안에서 자랐는지, 좋은 인맥이 있는지,
성별이나 종교 때문에 불이익을 받는 나라에서 태어났는지에 따라
출발 조건이 달라지지요.

정의의 중요한 전제 조건은 바로 **기회균등**이에요.
누구나 더 좋은 삶을 살 수 있는 기회를
공평하게 가져야 해요.
출신이나 성별을 비롯한 다른 특징 때문에 유리해지거나
불리해지는 사람이 있어서는 안 돼요.

그러나 기회균등은 실현되지 않을 때가 많아요.
사람들의 출발점을 바꿀 수 없는 경우가 대부분이기 때문이지요.
하지만 모든 사람이 공평한 기회를 얻을 수 있도록
나중에라도 조건을 조정할 수는 있어요.

> 나는 수학여행 못 가요. 돈이 없어서요!

그래서 학교에 다니는 건 중요해요.
가끔은 숙제하기가 정말 싫을 때도 있지만,
그래도 좋은 교육을 받으면 삶이 편해진답니다.
교육을 받으면 도로 표지판이나 여러 가지 안내판을 읽을 수 있고,
슈퍼마켓에서 장을 보며 물건값을 계산할 수 있어요.
서류를 작성할 수도 있지요.
이 때문에 교육받을 권리가 인권 중 하나인 거랍니다.
인생을 스스로 결정하여 행복하고 성공적으로 꾸려 나가려면
사람들은 반드시 교육을 받을 수 있어야 해요.

하지만 좋은 교육을 받을 기회는 균등하게 주어지지 않고 있어요.
여러 연구에 따르면, 대학 교육을 받은 부모의 아이가 대학을 졸업할 가능성이
더 높다고 해요. 가난한 집에서 태어난 아이들의 학교 성적이 낮을 가능성도 많고요.
자녀가 공부를 잘하기 위해서 부모가 자녀에게 시간을 얼마나 많이 쓰는지,
자녀를 위해 사교육비를 얼마까지 쓸 수 있는지,
가정에서 자녀에게 책을 읽어 주며 공부를 도와주는 걸
얼마나 중요하게 생각하는지 등에 따라 그 결과가 달라지는 거예요.
그리고 학력이 높을수록 나중에 돈을 더 많이 벌 가능성이 높답니다.

> 난 고등학교 졸업장은 없지만 돈은 많이 벌어!

> 모든 경우에는 예외가 있는 법이지!

그래서 국가는 교육 기회를 모두에게 공평하게 제공해서 공정성을 보장하려고 노력해요. 이런 시도는 잘될 때도 있고 안될 때도 있지요. 예를 들어, 넉넉하지 못한 가정은 자녀의 학용품과 수학여행을 위한 보조금을 받아요. 모국어가 다른 아이들은 언어 교육 지원을 받지요. 돈이 없는 대학생들을 위한 장학금 제도도 있어요. 집안 배경과 관계없이 누구나 교육을 받고 스스로를 계발할 수 있는 기회를 가져야 하니까요.

통합

투표하러 가기, 자유롭게 이동하기, 스스로 결정하기,
배우기, 일하기 등은 사람들이 당연하게 생각하는
기본적인 권리에요.
하지만 신체적, 정신적, 심리적 질병이나 장애를 가진 사람들은
일상생활에서 자주 불편함을 느껴요.
말하자면 언제나 장애물을 만나는 것이지요.

예를 들어, 휠체어를 탄 사람은 엘리베이터나
경사로가 있는 곳에서만 자유롭게 이동할 수 있어요.
글을 읽고 이해하기 어려운 사람은 복잡한 글을 읽을 수가 없지요.
사람이 많은 곳에 가는 게 너무 무서워서
밖에 나오지 못하는 사람도 있어요.
장애를 가진 사람들은 일자리를 찾기 힘든 경우가 많아요.

* 이 손동작은 국제 수어로 '고맙다'라는 뜻이에요.

입구

아, 입구는 오른쪽에 있구나!*

* 위의 점자는 "입구는 오른쪽"이라는 뜻이에요.
점자란 시각 장애인이 사용하는 만질 수 있는 글자입니다.

국가는 이러한 불이익을 없애기 위해 노력해야 해요.
예를 들면, 정부 문서는 누구나 이해하기 쉽도록
쉬운 말로 작성하거나,
행사장에 있는 청각 장애인을 위해
수어 통역사를 배치하는 것이지요.
학교에서는 장애 학생과 비장애 학생이
같은 반에서 공부하는 경우,
장애 학생에게 시험 시간을 더 주는 규칙이 있지요.

난 우리 모두가 자신의 속도에 맞추어 배우는 게 좋아.

여성을 위한 동등한 권리!

성별에 상관 없이 모든 사람은 같은 권리를 가지고 있어요.
하지만 그럼에도 커다란 차이가 나타나기도 하지요.

예를 들면, 남성은 여성보다 평균적으로 돈을 더 많이 벌어요.
그 이유는 다양해요. 여성들은 아르바이트로 일하는 경우가 많기도 하고,
남성보다 임금이 낮은 일을 더 많이 하기도 해요.
또한 아버지와 어머니가 둘 다 있는 가정에서는
일반적으로 어머니가 자녀를 돌보기 때문에 돈을 벌지 못하지요.

하지만 남성들과 똑같은 일을 하는데도
여성이라는 이유만으로 낮은 임금을 받을 때도 있어요.
아주 오래전부터 내려온 성별 고정관념과 편견 때문이지요.
이런 상황에서는 남성 역시 고통을 받는답니다.
양성평등을 실현하기 위한 시도가 바로 **여성 할당제**예요.

이 말은 회사에서 여성의 몫으로 관리직 수가 반드시
얼마씩 되어야 한다고 정해 놓는다는 뜻이지요.
정치 분야에서도 여성 할당제를 시행하자는 요구가 있었어요.
정치를 할 때 여성보다 남성이 더 많으면
남성들만 중요한 결정을 내릴 수도 있기 때문이에요.
그러나 이런 할당제가 불공평하다고 생각하는 사람도 있어요.

더 적합한 능력이 있지만 남성이라는 이유로 그 자리에 갈 수 없다면,
남성이 차별당하는 거라고 생각하기 때문이에요.
그렇지만 여성 할당제에 찬성하는 사람들은 이 제도가 도입되지 않는다면
여성의 사회 진출이 앞으로도 힘들 거라고 주장해요.
더 나아가 특정 성이 60%를 넘지 않도록 하는
남녀 동등 할당제를 시행하자는 요구도 있어요.

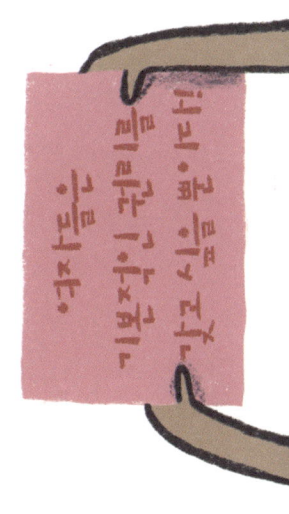

일의 가치는 얼마일까요?

매주 정해진 시간마다 환경미화원은 쓰레기를 수거해 가요.
그렇게 하지 않는다면 순식간에 쓰레기통이 꽉 차서 더러워질 거예요.
꼭 필요한 일이지만 환경미화원은 변호사보다 돈을 적게 벌어요.

일한 대가로 돈을 얼마나 받을지는 여러 가지를 고려해서 결정해요.
얼마나 큰 회사에 다니는지, 다니는 회사가 얼마나 잘되는지,
그 직업이 얼마나 많은 돈을 버는지, 얼마나 큰 책임감이 주어진 일인지,
또 일이 얼마나 힘들거나 위험한지에 따라 달라지지요.
특히 회사가 필요로 하는 사람들은 돈을 더 받는 경우가 많아요.
어떤 일은 노동자들이 협동하여 회사와
표준 임금을 협상하기도 해요.

오! 이 직업들은 한 달에 평균 이만큼 버는군!

내 일은 진짜 아무나 못 하는 겁니다.

나는 수학과 글쓰기를 가르치는 것 말고도 정말 많은 일을 합니다.

나는 막중한 책임감을 느끼며 일하지만 받는 돈은 적어요.

나는 당신이 버린 쓰레기를 치워요!

내 일도 정말 힘들어요!

굴삭기 기사 260만 원

초등학교 교사 420만 원

아동 복지사 210만 원

환경미화원 200만 원

청소부 190만 원

대통령은 1년에 약 2.5억 원을 받고, 가장 높은 연봉을 받는 한국인 축구 선수는 약 170억 이상을 받아요.

프로 축구 선수들은 1년에 백억 원 이상을 받기도 해요.
축구는 무척 인기 있는 스포츠인 데다,
아주 많은 사람들이 축구를 보기 때문이지요.
그래서 기업들은 많은 돈을 지불하고 경기장에 광고를 해요.
TV 방송국은 큰돈을 내고 경기 중계를 하지요.
뛰어난 선수가 높은 연봉을 받는 게 당연하다고 생각하기도 하지만,
불공평하다고 생각하는 사람도 있어요.
그런 사람들은 이 사회에 축구 선수보다
훨씬 더 중요한 직업들이 있다고 말하지요.

하지만 일의 대가로 받아야 하는 최소한의 금액은
최저 임금제로 정해 둔답니다.

내 직업은 아주 중요한 일이죠!

난 질서와 치안을 유지합니다!

나는 공부를 오래 했기 때문에 아주 복잡한 일도 할 수 있죠.

나는 일주일에 80시간씩 일한다고요!

언젠가는 모든 사람이 나 같은 사람의 도움을 받아야 하는데, 돈을 많이 벌지는 못해요.

의사
900만 원

경찰
295만 원

요양 보호사
195만 원

프로그래머
440만 원

변호사
710만 원

불평등한 세계?

가족들이 모인 식탁에서 공평하게 음식을 나누거나
공정한 스포츠 경기를 하는 건 쉬운 일이에요.
하지만 이 세상에는 어마어마한 불평등이 존재해요.
먹을 것과 깨끗한 물, 의료 혜택과 교육 같은
기본적인 것을 누리지 못하는 사람이 참 많거든요.
또한 출신지와 종교, 성적 지향 등
여러 가지 이유로 억압과 괴롭힘을 받는 사람도 있어요.

약 80억 명인 전 세계 인구 중에서 상당수가
정치적, 경제적, 사회적으로 어려운 국가에 살고 있어요.
대부분 아프리카와 아시아, 남아메리카에 있지요.

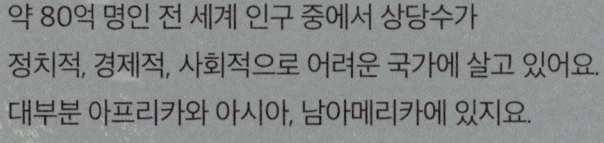

유럽 국가처럼 부유한 나라들은 이런 어려운 나라들을 도와 생활 환경을 개선해 주어야 해요.
이것을 **개발 원조** 또는 **개발 협력**이라고 하지요.
어떤 나라에 학교를 건설하거나 보다 나은 의료 서비스를 지원해 주는 일이 포함된답니다.

세계는 조금씩 공평해지고 있어요.
200년 전만 해도 전 세계 인구의
90%가 몹시 가난했어요.
하지만 지금 몹시 가난한 사람은
총 인구의 10%밖에 안 돼요.

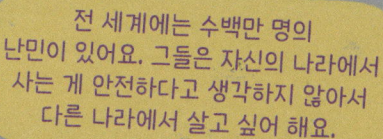

전 세계에는 수백만 명의 난민이 있어요. 그들은 자신의 나라에서 사는 게 안전하다고 생각하지 않아서 다른 나라에서 살고 싶어 해요.

사람에게는 망명할 권리가 있어요. 즉, 다른 나라에서 보호받고 살아갈 권리가 있지요. 하지만 어떤 국가들은 난민 받아들이기를 거부해요.

기부

수재민을 위한 수건 800장을 가져왔어요.

기부를 특히 많이 받는 곳 :
1. 도움이 필요한 사람을 위한 지원 (인도적 지원)

매년 사람들은 좋은 일에 수천억 원을 기부해요.
다시 말해, 국내뿐 아니라 해외에 있는 사람들을 돕기 위해
자신이 번 돈 일부를 내놓는다는 뜻이에요.
또 음식이나 옷 같은 물건들을 기부하기도 하지요.
기부는 정의 회복에 도움이 될 수 있어요.
기부를 통해 불평등과 빈곤이 줄어들고
어려운 처지에 있는 사람들을 도울 수 있지요.
하지만 누구에게 기부할지는 어떻게 정해야 할까요?
누가 가장 어려운 처지인지 어떻게 알 수 있을까요?

서로를 돕는 건 중요해요.

2. 동물 보호

많은 사람이 우리를 생각해 준다니 참 다행이에요!

기부를 가장 많이 하는 사람은 40~50대예요!

기부는 대부분
크리스마스 즈음에 늘어요!

어떤 사람은 기부를 받는데, 어떤 사람은 받지 못하는 건
불공평하지 않느냐고요?
사람들은 보통 가진 것 중 일부를 떼어 기부해요.
그래서 기부하고도 남은 게 아주 많지요.
하지만 기부만으로 세상의 불평등을 없애기는 어려워요.
자연재해를 당한 지역을 돕는 것처럼
갑작스러운 일을 빠르게 도울 때는
기부가 큰 도움이 될 수 있어요.
하지만 긴 시간이 필요한 문제를 해결하려면 기부가 아니라
사회적, 정치적, 경제적 변화가 있어야 해요.

3. 환경 보호

우리 공연을 보고
모자에 돈을 넣어 주세요!

이 돈은 환경 보호를 위해
기부할 거예요!

공정 무역

카카오, 커피, 바나나, 키위, 청바지, 티셔츠…….
우리가 매일 쓰는 많은 물건들은 사실 먼 나라에서 만들어진답니다.
하지만 우리는 이런 것들이 어느 나라에서 자랐거나 만들어졌는지,
거쳐 온 과정마다 누가 일했는지 정확히 알 수 없어요.
그래서 그 과정이 공정했는지 판단하기 어렵지요.
카카오를 키운 농부는 충분한 대가를 받았을까요?
옷을 만든 재봉사는 좋은 환경에서 일했을까요?

종종 그렇지 않을 때가 있어요.
생산자는 상품이나 원자재를 팔아서 생긴 이익 중에서
아주 적은 돈을 받을 뿐이지요.
이것은 공정하지 않기 때문에, 수십 년 전부터
이른바 **공정 무역** 운동이 일어났어요.
공정 무역은 생산자가 공정하고 환경친화적인 근무 조건에서
상품을 생산하도록 해 주자는 목표가 있어요.
또한 생산자에게 공정한 임금을 주는 것도 목표이지요.
공정 무역 제품은 다양한 기준이 있어서 다양한 라벨을 달고 있어요.

공정 무역이 아닌 방식으로 만들어진 티셔츠를 볼까요? 각 단계마다 이 정도 비율의 돈을 벌어요.

미래에 대한 권리

지구의 기후는 변하고 있어요.
기온이 상승하고 날씨는 점점 빠르게 달라지고 있어요.
하지만 기후 변화를 모든 곳에서 똑같이 느끼지는 않아요.
예를 들어, 가뭄과 폭염이 특히 자주 일어나는 곳은
아마존과 아프리카, 인도, 파키스탄, 인도네시아 같은 지역이에요.
그러나 이 지역은 기후 변화에 대한 책임이 거의 없는 곳이에요.
기후를 파괴하는 이산화탄소 같은 온실가스를 가장 많이 배출하는 곳은
주로 부유한 선진국이거든요.

나는 지금의 생활 방식을 바꿀 마음이 없어!

기후가 변하든 말든 난 몰라!

이산화탄소 배출량의 거의 절반은 상위 10%의 부유한 사람들이 만들어요.

하위 50%의 가난한 사람들이 배출하는 이산화탄소는 전체의 12%밖에 되지 않아요.

게다가 기후 변화의 영향을 특히 심하게 받는 나라들은
대부분 가난하기 때문에 자신을 보호할 방법이 없는 경우가 많아요.
따라서 모든 사람이 깨끗하고 안전한 환경에서 살기 위해서는
전 세계가 모두 다 같이 노력해야 해요.
특히 유럽 같은 선진국은 온실가스 배출량을 줄일 의무가 있어요.
또한 다른 나라들이 기후 변화에 대응할 수 있도록 도와야 해요.

우리도 생각해 주세요!

우리는 목소리를 높일 겁니다! 당신들이 우리의 미래를 훔쳐 갔으니까!

지구가 분노로 끓고 있다!

당장 기후 정의를 이루자!

단 하나뿐인 지구!

세대란 같은 시기에 태어난 사람들의 집단이에요.

2020년에 태어난 어린이는
1960년에 태어난 사람보다
평생 세 배의 홍수와
일곱 배가 넘는 폭염을
경험할 거라고 해요.
이건 어린이의 잘못이 아니에요!
어린이들은 이러한 기후 변화를
일으키는 온실가스를
배출한 책임이 없으니까요.

오늘 우리가 한 행동이 내일의 삶에 영향을 주기도 해요.
하지만 그 결과를 알 수 없다면,
어떻게 정의롭게 행동할 수 있을까요?
세대 간 정의는 아직 태어나지 않은 사람들도
좋은 세상에서 살 수 있도록 배려해야 한다는 뜻이에요.
이것은 다른 말로 **지속 가능한 행동**이라고도 해요.

"에리카랑 작은 공동 주택으로 이사 갈 거야."

"정말 멋져요! 이 집에는 우리가 이사 올게요!"

세대 간 정의를 이루려면 노인에게 연금을 지급해야 해요. 그런데 지금 노인에게 주는 연금은 현재 일하고 있는 사람들이 버는 돈 중 일부를 걷어 채우는 거예요. 노인은 점점 더 늘어나는데 젊은이가 줄어든다면 연금을 내는 사람 역시 점점 더 줄어들게 되지요.

"할아버지가 안전한 환경을 물려주시면 연금을 충분히 받을 수 있도록 열심히 일할게요."

"약속하마!"

"그것참 공정하군!"

정의를 위한 투쟁

매일 많은 사람이 정의를 위해 목소리를 높여요.
그래서 유명해진 사람도 있지요.
남아프리카 공화국에서 흑인의 평등한 권리를 위해 투쟁한
넬슨 만델라가 그 예랍니다.
또 아동의 권리를 위해 몸바친 공로로 노벨 평화상을 수상한
말랄라 유사프자이도 있지요.

정의를 회복하기 위해서는 무엇을 할 수 있을까요?
회사에서 일어나는 부당한 일을 고백할 수도 있을 거예요.
그런 사람을 **내부 고발자**라고 해요.
내부 고발자는 회사에서 쫓겨날 위험뿐만 아니라
비밀을 공개했다는 이유로 처벌을 당할 위험도 있어요.
예를 들어, 미국의 에드워드 스노든은 미국이 허가도 받지 않고서
전 세계 수백만 명을 도청하고 있다는 사실을 폭로했어요.
그래서 재판을 받아야 했고, 러시아로 도망쳤지요.

로빈 후드가 했던 행동은 올바른 일이었을까?

우리가 할 수 있는 것

세상에는 불공평한 일이 수없이 많아요.
그중 어떤 건 절대로 사라지지 않겠지요.
하지만 우리 모두에게는 정의를 위해서 목소리를 높일 권리가 있답니다.
큰일이든 작은 일이든 상관없이 말이에요.

기부와 정치 참여, 자원봉사 등 갖가지 방법으로
우리는 이 세상을 더 공평한 곳으로 만들어 나갈 수 있어요.
무엇보다도 가장 중요한 건 불의를 못본 체하지 않고
계속해서 목소리를 내는 것이랍니다.

공평한 세상이야말로
모두가 행복하게 살아갈 수 있는
평화로운 세상이기 때문이지요.

우리가 세상을 바꿀 수 있도록

동의
레이첼 브라이언 지음 | 노지양 옮김

전 세계 20개국 베스트셀러

"이제 우리 모두가 동의에 관해
이야기해야 할 때!"

걱정 덜어내는 책
레이첼 브라이언 지음 | 노지양 옮김

"이 책은 걱정하는 사람들을 위한 책입니다!"
(우리 모두를 위한 책이지요!)

가짜 뉴스
엘리즈 그라벨 지음 | 노지양 옮김

"이 책은 진짜일까, 가짜일까?"
가짜 뉴스를 구별하는 10가지 방법!

도움을 주는 괜찮은 책들

철학 안경

스가하라 요시코 외 지음 | 오지은 옮김

서울대 교수진 추천!

"생각하는 방법을 알려 주는
어린이 첫 철학책"

현직 초등교사 50인 평점 4.84 | 어린이 사전평가단 평점 4.94 | 서울대 교수진 강력 추천 | 어린이 철학교육연구소 선정도서

양자물리학으로 풍덩!

로베르트 뢰브 외 지음 | 유영미 옮김

"차세대 리더가 될 어린이를 위한
교양 과학 그림책"

재미있어 보이는 생각들이야, 멍.

나를 지키는 **괜찮은 생각**

나를 지키는 괜찮은 생각은 미래를 살아갈 어린이들에게 새로운 기준과 새로운 시선을 제시하여, 스스로 생각하고 판단하는 힘을 기를 수 있도록 돕습니다.